抖S宇宙先生的1分鐘「下單」練習

ドSの宇宙さんの
1分スパルタ
開運帖

給跟宇宙下訂單87次還沒成功的你——
每天1句「愛的鞭策」，強運增幅，人生從此開掛

小池浩 Hiroshi Koike 著
アベナオミ Naomi Abe 繪
楊鈺儀 譯

有個男人欠債兩千萬日幣，哭得一把鼻涕一把眼淚，
有一天，他決定「把一切都當成上天的提示」。

路上行人不經意的對話、
偶然看到的招牌文字、
甚至連掉到肩膀上的烏鴉大便……
這一切都被他當成上天給自己的提示、行動的線索。
沒錯！他就是找回幸福的「小池」。

宇宙的法則非常簡單，
宇宙會放大你口頭禪裡的「前提」，
反映在現實生活。而心想事成的機制，
就是向宇宙「下訂單」，提出你期望的結果，
同時要求「上天的提示」，
然後依據直覺行動。僅此而已。
宇宙會以戲劇化的方式，
幫助你達成心願。

嗯……你說「不知道
上天的提示是什麼？」
——你不經意拿起的這本書
就是上天的提示。
你翻開的那一頁，就是現在的你
最為需要的事，是你該做的事，
也是你應該思考的事。

聽好了，你所看到的內容，將改變你的現實，
只要一個轉念，未來將與現在截然不同。
所以，只要1分鐘，你就能改變自己的人生。
上天的提示，正等著你伸手翻開。

來吧，翻開這本書！
行動的時候到了！

只要1分鐘，就能改變人生！

小池因為《抖S宇宙先生》系列作逆轉人生，
他為了還債，歷經了一次次起伏跌宕，
最後經由直覺的指引，成功翻身。
本書就是他所用方法的濃縮菁華。
我不希望人家用「解答之書」
這類裝可愛的說法稱呼本書，太肉麻了！
這是一本「鞭策之書」。
你應該做的事，
不是在靈性世界裡猶疑不定。
而是腳踏實地，徹底行動！
想要改變以往的自己，
只須下定決心改變，就這麼簡單！
只要1分鐘，你就能下定決心。
別想得太複雜，認真去做就好！

1 當成上天給你的啟示

本書的內容，有別於一般坊間書籍的章節架構。你翻開的那一頁，就是當下的你所需要的指示。有些是行動指示，有些則是思考轉念。你需要的提示，唯有你親自翻閱才能得到，而不是其他人強加給你的。專注心念，翻開這本書吧！

2 隨時吸收溫習

本書為了讓你一翻開就能找到屬於自己的提示，刻意不採用傳統的書籍編排架構。不過，本書並不排斥規規矩矩、習慣從頭開始認真讀的人。書中收錄了三本《抖S宇宙先生》系列作品的菁華，搭配可愛的插畫，輕輕鬆鬆就能吸收。

3 當枕頭睡

有些神經大條的傢伙，一看到我的書就想睡，這樣的人把這本書當成枕頭也無所謂。我很歡迎有膽識的人來挑戰。據說潛意識近似於作夢狀態，只要你敢於要求「給我提示」，把本書當成枕頭來睡，相信你的現實世界一定也會有所改變。

1

許願時
要用「完成式」！

聽好了，千萬別說「要是願望能實現就好了」！
這句口頭禪會讓你一直處於「要是能實現就好了」的狀態，
也就是願望一直沒實現！懂了嗎？

你的口頭禪是什麼？口頭禪是一個人「人生的前提」。

不自覺脫口而出的話，就是你打從心底深信、潛意識中期望的事情。「要是能〇〇就好了」類似這樣的口頭禪，等於承認你的現狀就是「〇〇還無法達成」，而此現狀正是你所期盼的。宇宙會掌握言語的振動，增強其能量來打造現實。當你說「辦不到」，宇宙就會加強「辦不到」三個字的能量，結果當然就是「辦不到」。當你說「要是能做到就好了」，宇宙就會加強這句話的能量，結果就是：你會一直處於盼望「要是能做到就好了」的狀態，也就是你的願望一直沒實現。真心想改變人生的話，許願時請用完成式。「我做到了！」「願望已經實現了！」是不是很簡單，任何人都能馬上做到。

2

宇宙總是說「YES」。你的現實就是你下的訂單！

給宇宙的「訂單」要非常具體、明確。
你下單的內容，全部都能得到。
如果沒得到，那就是你下單的方法出錯了。

向宇宙下了訂單，心願卻沒有實現的人都有一個共通點：訂單內容不夠明確。宇宙不會判斷「善惡」或「好壞」。宇宙只會回答「YES」，它會讓你衷心盼望的事物成為現實。宇宙既不會判斷，也不懂得挑選，更不會去斟酌或思考「這個人嘴上雖然這麼說，心裡其實不希望這件事發生吧。」一個人的口頭禪就是他「人生的前提」，宇宙會讓口頭禪在現實生活中成真。人們經常犯的錯誤，就是向宇宙下單時內容不夠明確。在咖啡廳點餐時，沒有人會說：「請做點我可能會喜歡的東西。」向宇宙下單與在咖啡廳點餐是同樣的道理。總之就是要求務必明確。唯有清楚描繪你的願望，並向宇宙下單，宇宙才會實現你的願望。

寫下願望「表明決心」別忘了加上「期限」！

不論你想實現的是願望或理想，全都向宇宙下訂單吧。
藉由表明決心，先在你的潛意識中留下訊息，
宇宙就會把你的決心當成目標，開始動起來。

想實現心願，其實需要技術。實現願望有一套明確的理論與方法，並非單憑意志力就能達成目標。如果你有想實現的心願，先寫在紙上，從主動表明決心開始。只要決定了期限，人會下意識地受到驅策，因而「開始行動」，而宇宙也會跟著動起來。不過，像是「明天獲得一百萬日幣」或「這個月內要結婚」這類需要花時間的訂單較難馬上實現（但有些厲害的人就是能實現這些願望，差別在於技術的優劣）。只要給出明確的訂單、訂下期限、付諸行動，你的心願就會實現，很簡單吧？如果你想隨心所欲運用這樣的機制，建議可從小訂單開始，一點一滴提升技術。

4

嚴禁使用自虐型口頭禪
否則我聽見一次，揍你一次！

「不可能順利啦……」「反正沒辦法……」
聽好了！禁止使用這類自虐型口頭禪！
這種NG行為會大大提升人生遊戲的「難度」。

「反正也沒辦法吧……」「不可能那麼順利啦……」難道這些喪氣話也算是給宇宙的「訂單」嗎?!沒錯，這些話會提升你人生遊戲的難度，讓你必須吃盡苦頭才能實現訂單。事實上，人們的確是為了體驗地球才有的負面情緒，而來到這個世界。但是，有很多方法可以讓你不用像小池那樣在谷底掙扎徘徊。抖M的人就是喜歡不幸，如果你真心喜歡的話，我也不會阻止啦。但是，當你把「反正我就是衰」當成人生的前提，宇宙就會認為那是你所下的「訂單」，高高興興地把不幸送給了你。這樣你也無所謂嗎？

5

「願望如何實現」由宇宙決定！人類別指手畫腳！

人類充其量只有幾十年的經驗，

根本比不上我們宇宙的龐大智慧。

你只需要正確下訂單。該怎麼實現，是由宇宙來決定！

從現在起，諸如「似乎會實現」、「沒那麼難實現」……立刻停止下這種小家子氣的訂單。別給自己設限，說出你真正的願望吧！不論你的想法有多「異想天開」，大器的宇宙都會實現你的願望。人類不需要對宇宙指手畫腳，類似「這裡應該這樣做」、「這時候要遇見某某人」、「到實現為止得歷經什麼樣的過程」等等，統統都不關人類的事。而提交「中年大叔想以歌手身分出道」這種訂單就OK。確實有人在YouTube上傳唱歌或跳舞的影音，引發話題而出道。你只要做到這點：做出明確的決定。然後，把夢想實現的過程交給宇宙。宇宙永遠是無法預測的，它會用很神奇的方法，幫助你實現心願。

6

宇宙不會拖泥帶水。
腦袋裡的靈光一閃就是答案！

腦中閃過的「靈光一閃」，就是來自宇宙的提示。
隨之而來的藉口、不做的理由，是人類思考的惰性。
相信最初的直覺，把全副心力放在行動吧！

宇宙給你的提示，就是偶然浮現在腦袋裡的靈光一閃，像是「乾脆辭職好了？」「奇怪，我跟那個人在一起開心嗎？」而隨之而來的藉口，其實是人類惰性的產物，例如：「不過，都這把年紀才換工作對嗎？這家公司畢竟還不錯，也得顧及生計……」「但那人也有他的優點啦，而且我們都在一起這麼久了……」害怕改變是人的天性，這樣的天性讓人無視宇宙的提示，或是找藉口不去行動。

正因如此，你應該更重視直覺，因為那是來自宇宙的提示。腦袋裡一旦有點子浮現，別多想，依照提示立刻行動就對了。即使無法立刻大幅改變現狀，你也能知道自己蘊含了哪些可能性。

人生是一場RPG遊戲。你就是闖關的勇士！

別想得太嚴重！人生就和角色扮演遊戲一樣。
不管遇到再大的困難，終有結束的一天。
認真闖關！在地球痛痛快快玩一場吧！

地球是顆行動的星體。由於宇宙中並沒有行動的概念，所以想行動的靈魂會來到地球，在這裡好好玩個痛快，再回歸宇宙。這就和角色扮演遊戲（Role-playing game，簡稱RPG）一樣。你選好時代、地點、父母、手足、容貌之類的基本設定後，降生來到這個世界。你在小村莊遇見了某些人，一點一滴累積經驗，然後前往新地點。你一路過關斬將，打倒敵人、救助公主，最後跟大魔王決一死戰。倘若一開始就讓大魔王出現在你眼前的話，任誰都不會覺得有趣吧？在闖關途中，你需要設法提升等級，有時也會因為找不到地牢出口而煩躁不安。但正是因為這些過程，人生的遊戲才顯得有滋有味。好好享受箇中的樂趣吧！

「奇蹟」的庫存很多！多跟宇宙下訂單吧！

你沒有時間去嫉妒別人或他們擁有的東西。
你想要的東西，在宇宙中並沒有「數量限制」！
端看你是否真心想要。

宇宙處於「奇蹟」庫存過多的狀態。因為，人們一旦出現「果然還是不行」、「反正辦不到」等等負面思考，他們所下的訂單就會立刻被取消。其實對宇宙而言，奇蹟是理所當然的，沒什麼稀奇。宇宙就是心想事成的世界。每個人都有屬於自己的宇宙。既然是你的宇宙，當然能夠由你決定。只要心無旁鶩地向宇宙下對訂單，虛心接受它的提示，持續行動，任何願望都一定會實現。首先，把「謝謝」當成口頭禪，這句話會為你帶來奇蹟，為你清理與宇宙相連的潛意識通道。一旦跟宇宙許下了想要的心願，絕對不要讓正確的訂單被取消！

9

常把「謝謝」掛嘴邊，至少要說5萬次！

喂！還記得我特地教你的史上最強口頭禪嗎？

「謝謝！」「我愛你！」

這是讓人生逆轉勝的關鍵，千萬別忘了！

想讓人生好轉嗎？讓我告訴你最重要的祕訣吧！那就是持續去做「理所當然的事」。我不厭其煩地強調：「『謝謝』是改變人生的魔法金句。」但就是有些傢伙會唱反調：「光靠說『謝謝』就能改變人生的話，不就任何人都能改變了？」這種人永遠無法改變現實，只能一輩子抱怨自己不走運。反之，聽了我的建議之後，反應是「只要說『謝謝』就好嗎？那我要說！」而躍躍欲試馬上實踐的人，人生才會出現改變。聽到良好的建議，有的人是當耳邊風，有的人卻會馬上實行。人生際遇的差別，會因為一個微小的慣性行為，而大大拉開了差距。

10

覺得悲傷？感到不安？現在正是說「謝謝」的時候！

想說別人壞話時改說「謝謝」，
想責備自己時就說「謝謝」，
宇宙會讓現實跟你的口頭禪一致！

「都是那個人的錯！」「都是公司的錯！」「當時要是這樣做就好了……」當你對過去感到後悔、想說別人壞話、想把錯誤怪到他人頭上時，請先默念「謝謝」。即使無法發自內心說謝謝也無所謂，就算當下的狀況不值得感謝也沒關係。總之，先說「謝謝」就對了，千萬不要抱怨。所有發生在地球上的事，都是你先說出口，再由宇宙接收並化為現實。在你頻繁默念「謝謝」的時候，宇宙會讓你說出口的話成真，讓值得感謝的好事發生，久而久之，你就能發自內心說出「謝謝」了。相信我，試著說說看吧！

11

別輸給「時間差」！正確的訂單一定能實現。

宇宙隨時為你準備了宛如戲劇般的奇蹟。
但是，奇蹟只降臨在能克服「時間差」（time lag）的人身上。
努力撐過時間落差之後，成功的果實將更加甜美。

長年掛在嘴上的消極口頭禪，如「我做不到」、「夢想不可能實現」、「最後還是不行」等等，都會累積成為給宇宙的負面訂單。向宇宙下的正面訂單之所以沒有實現，原因就出在負面訂單所引起的「時間差」。舉例來說，你先點了一百碗豬排丼後，才加點中華涼麵，廚房就會先出完一百碗豬排丼後，再上中華涼麵。不過別擔心，正確許下的心願，等時間差過去後一定會出現。所以，你就邊想著之後會上的中華涼麵，開心吃完眼前這碗豬排丼吧。心懷期望，告訴自己「好戲在後頭」。絕對不要因為「怎麼只有豬排丼」而中途放棄，輕易取消你給宇宙的訂單。

停止欺負自己，先和自己和解吧！

正確下訂單卻沒有實現時，
代表你和宇宙連接的「管道」塞住了。
現在立刻停止對自己的不滿，別再欺負自己了。

正確向宇宙下了訂單，心願卻遲遲沒有實現，這時除了前面提到的「時間差」，你還需要「跟自己和解」。「像我這種人……」「我果然還是做不到……」諸如此類的自虐口頭禪，會阻塞你的訂單和宇宙之間的管道。欺負自己的話，你內心深處那個真正的自己，就無法相信你。想實現心願，你必須先找回源自自我內心的信賴感。「對不起，我一直都沒有好好傾聽你的願望。」「原諒我吧，接下來我會好好聽你說話。」「謝謝你一直等我。」「我愛你，今後我們也要一起幸福喔。」不斷這麼告訴自己，直到你能信任自己為止。

13

不論身處任何困境，都要大喊：「一定會實現！」

下給宇宙的訂單，一定會實現。
不過，宇宙的舵手有點粗魯，船會晃一點。
不論何時都要高喊：「太好了！」「我成功了！」

只要向宇宙下訂你真正期望的未來，宇宙就會知道「早說嘛，原來你要去那邊啊！」然後急忙轉舵。此前的訂單越負面，宇宙就越需要轉換方向，最後以超強勢的方式改變現實。當你的心願離現在的現實越遠，宇宙的舵手就越粗暴。像是向宇宙下單「我希望年收一千萬日幣！」結果突然被公司開除了；或是許願「想要幸福的婚姻」後，就被另一半給甩了。向宇宙下單後，經常會出現讓人懷疑「怎麼會這樣？」的狀況，那是因為宇宙知道，繼續待在現在的公司，無法達到你期望的年收；你和現在的男友在一起無法真正獲得幸福。決定你想要的結果再下單，之後只要相信宇宙，盡你所能行動就好。

14

許願的期限截止後，快大喊「生利息了！」

「願望沒實現」時的言行舉止，
才是決定願望能否實現的分水嶺。
別忘了「晚付給你的錢會生利息」喔！

看到不少人因為期限到了、願望卻沒有實現，因而沮喪想放棄，我真是看不下去。仔細想想！之前你下了那麼多負面訂單，宇宙要實現完全相反的正面訂單，需要花點時間做好準備。無法如期達成你的願望，代表之後有更大的奇蹟等著你。金錢也是同樣的道理。期限截止時若無法回收，反而是賺錢的機會，因為能產生利息。無論如何，千萬不能沮喪而萌生：「唉，願望沒有在期限內實現，看來是不可能了……」結果向宇宙下了最糟糕的訂單。此時你要做的應該是大喊：「好耶！願望一定會實現！而且還有利息呢！」向宇宙要求「更多的提示」，持續行動吧！宇宙一定會守護你。

15

想與人融洽相處，就發射「愛的電波」吧！

想跟深愛的人，還有不擅長應付的人融洽相處，

祕訣就是瞄準對方的眉心，

在心中發射「愛的電波」。

有效改善人際關係的祕技就是「愛的電波」。「我愛你」這句話，能讓你的心與靈魂相親相愛。這句話對任何人都有效。叛逆期的兒子、愛抱怨的父母、不尊重自己的伴侶、職場中難搞的上司或同事，向他們發射「愛的電波」吧！就算無法立即見效，彼此的關係也會逐漸產生明顯的改變。無論是開會，或是接受就業、考試的面試，都要向對方發射「愛的電波」！這麼一來，被擊中的人就會成為你最大的幫手。把對方想成是你自己，付出最大的愛吧！「我愛你」是能在宇宙引發奇蹟的幸福通關語。

16

下單後「夢想殺手」就會出現。不要害怕，打倒它！

向宇宙許願下訂單後，夢想殺手就會出現。
它的出現是為了確認你的訂單是否真心。
有所覺悟後對自己堅定喊出「YES」（我能！）宇宙的支援就會出現。

此前一直自虐的人，突然積極向宇宙下訂單的話，阻礙你的人就會出現。他們會在一旁說風涼話，比如：「都這把年紀了，應該辦不到吧！」「做什麼白日夢啊，看清現實吧！」「你真的是這樣想的嗎？」劈頭給你一陣狂批。但這代表你的機會來了！因為與你程度相當的人之中，只有你一人領先了，所以才會引發其他人的激憤。也就是說，這代表「願望會實現」的綠燈信號（go sign）。當你向宇宙下單，批評的聲浪相繼而來，請把這些聲音當成宇宙正在支援你的暗號。充滿自信地回答夢想殺手：「YES」（我能！）別左顧右盼，也別回頭看，只要看著前方行動就好！

17

你的人生是你主演的連續劇。成為自己最強的粉絲吧！

「我沒某甲那麼漂亮。」「我沒某乙那麼有能力。」
聽好了，這些全都是你的幻想！
這是你的宇宙，你的現實就是你內心的寫照。

你是否「對自己沒信心」、「認為自己辦不到」？為什麼要替自己設定這麼苦情的訂單和人生劇本？這是你的宇宙，你當然是宇宙中最重要的存在。有時間找自己碴的話，不如馬上思考身為宇宙中最重要的你該怎麼做，才能享受在地球的生活。話說回來，如果連你都不挺自己，還會有誰來挺你？珍惜自己的人生，相信自己，發自內心為自己打氣。如果你對自己心存懷疑，認為「雖說如此，像我這麼平凡的人怎能擔任主角」，原本由你主演的人生連續劇就會被換角，從主角變成配角。你是你人生的主角，也是你自己的啦啦隊隊長、導演、演技指導、劇作家……你的宇宙，一切由你創造。

18

覺得前途無光?!
放心!你的前途必定一片光明!

比起日後未知的幸福，我們更熟悉眼前已知的不幸。
因為人類這種生物，對當下熟悉的環境較有安全感。
別害怕，你的未來必定光明燦爛！

有些事情，逆向思考會更好懂。如果你至今為止的人生都不是很順利，接下來就該做出與自身常識相反的選擇。「前途難以預料」這句話，無論如何都該解釋為「前途一片光明」。向宇宙許願下訂單的話，光明的未來一定會實現。這是事實。你說因為害怕而不敢踏出腳步？聽好了，未來永遠都是光明的。只要知道前方有光，應該就有勇氣邁出步伐吧。如果你一直以來都是依循他人的常識行動，現在卻覺得不幸福，這意味著你以自己的心願為主來行動的時候到了。不要問：「如果不順利怎麼辦？」光明燦爛的每一天必須靠自己打造。現在懂了吧?!

19

「等我有時間再做」就是「絕對不會做」！

「等我有錢再做。」「等我有時間再做。」
這種口頭禪只會讓人麻痺，即使有錢有閒，也絕對不會去做。
想做就要馬上行動！即使你現在什麼都沒有，也要去做！

人們會為自己的不作為找藉口：「總有一天我會去做。」「等我有錢就做。」「有時間再做吧。」這三個口頭禪就像麻醉藥，會麻痺你的意志力跟決心。老把這些話掛嘴邊的人，即便有多餘的金錢或時間，仍會生出種種「不去做」的藉口，直到大限將至才後悔莫及。很多人聽了別人的成功故事，當下情緒高漲，心想「好～我要來努力！」卻遲遲不付諸行動。你想想，有人就算沒錢也能實現移居國外的夢想，也有人即使忙到快累死也能考到證照。金錢和時間不是守株待兔就會出現，一切都要靠自己打造出來。就算現在手上沒有資源，不管下了怎樣的訂單，只要行動，一定都有方法實現。

20

別為了回應他人的期待而給出「假訂單」！

「我希望成為他人羨慕的人。」「我希望別人覺得我很帥。」
別因為在意他人的眼光，而給出「假訂單」。
你應聚焦在「自己怎麼做才會由衷感到幸福？」

「我向宇宙下了訂單，也努力行動了，卻不順利也不開心。」若是這樣就要思考，你向宇宙下的訂單是自己打從心底期望的嗎？當你下了訂單也付諸行動，卻總是提不起勁，覺得身體動不了，那是因為你向宇宙許願的訂單，只是為了回應某人的期待、得到他人的好評，而非出於自己真心的期望。這純粹是在意別人的眼光、期望他人的評價而下的「假訂單」。如果是發自內心的訂單，只要你想到願望實現的那一刻，就會情不自禁地露出微笑，由衷感到開心、熱情高漲，身體當下也會自己動起來。別管別人的期待！「自己會因為什麼而真心感到幸福？」這才是你應該關注的重點。

21

靈性法則就是不切實際？給我清醒點，活在現實吧！

所謂「遵循靈性法則」的生活，

就是腳踏實地，確實行動。

希望藉由魔法實現願望，只是不切實際的幻想。

「靈性法則」、「吸引力法則」這類用語，很容易遭到誤解，導致妄想不用努力就能改變人生、只會「臨時抱佛腳」的人增加了。然而，靈性法則其實非常實際，沒有虛無飄渺的內容，而是一套既有邏輯又容易理解的運作機制。在這個宇宙，確實存在著肉眼看不到的神奇力量。它的運作原理非常簡單，就和人必須呼吸空氣而活一樣。只要向宇宙下訂單，付諸行動，願望就會實現。原理簡單又明瞭。因此，嘴上央求「請幫幫我」卻什麼都不做的話，根本不會有任何改變，願望也不會實現。真正的靈性法則必須藉由腳踏實地的行動，才能確實運作。給我清醒一點！

22

你說你正在煩惱?!
別為自己的不作為找藉口!

有煩惱的人動不起來、脫離不了困境，是有原因的。

因為他們把時間花在煩惱而不是行動。

換句話說，不過是一群有大把時間用來煩惱的閒人罷了。

有時間煩惱的人其實很閒，但同時又忙得要命。因為一天之中，只要是醒著的時間，他們都忙著煩惱。那麼，為什麼會有煩惱呢？因為「只要煩惱，就可以先不用行動」。可謂是把煩惱當藉口，給自己不行動的理由。這樣的你該做的事只有一件——停止煩惱，把時間空下來。蛤？你說「但是我只要一閒下來就會煩惱～」那是因為你害怕面對自己內心的空虛。也就是說，你是因為害怕孤獨，所以用煩惱來遮掩。無論如何，先試著把用來煩惱的時間空出來吧。若是怕閒著，那就反覆默念「謝謝」吧！複誦「謝謝」的期間，你就沒有時間煩惱了。不久之後，宇宙就會給你行動的提示。

23

要改變的不是別人，而是你自己！

「要是他肯改變……」「都是這間公司的錯……」
把不順利歸咎於外部因素，你就會一直不幸。
但是，只要你改變自己，你的世界也將為之一變。

因為看不慣別人的所作所為而焦躁不滿，覺得「〇〇如果稍微╳╳的話……」「都是那傢伙害我吃盡了苦頭……」一味地把事情不順利的原因或問題，怪到別人或外在環境頭上，只會讓幸福遠離你。你所在的地方就是你的宇宙。你的外在環境就是你內心狀態的反射。只要你不改變，周圍的人也不會改變。希望某人改變、認為是某人的錯，其實是你內在真正的自己在吶喊：「我想要改變！」正在高聲呼救。你就是因為持續無視這種求救信號，才會陷入現今所處的狀況或環境。此刻正是你聆聽自己聲音、與自己約定、回應自我期待的時候。

24

只要你不幸福，所有人都不會幸福

你生存的宇宙是屬於你的宇宙。
期望他人幸福之前，自己要先幸福！
抱持著「我要變幸福」的覺悟，去改變現實吧。

從小看著不幸雙親長大的孩子，容易覺得「只有我一個人幸福很愧疚」。乍看之下，似乎很為家人著想，其實這是極大的誤解。你必須明白這一點：你自己不幸的話，別人也不能獲得幸福。不僅如此，只要你沒變幸福，負面的連鎖反應會一直持續下去。「我要是變幸福，爸媽就會不幸」的錯覺，只會讓你將成功拒於門外。儘管你的本意是讓父母安心，結果卻總是讓父母為你牽掛煩心。如果現在你周遭的親朋好友中有人身處不幸，罪魁禍首就在於你。想讓其他人幸福，你必須先讓自己幸福才行！一定要有這種決心！

25

讓半徑10公尺內的人事物都徹底變幸福！

現在不是看談話性節目忿忿不平的時候！
比起為了千里之外的不幸事件而憤怒，
不如實際行動，努力讓自己及半徑10公尺內的人事物幸福吧！

人類是進化迅速的生物，連地球另一端未知國度的資訊都能取得。現在有類似談話性節目這種以評論他人不幸為樂的媒體生態。過於沉溺這類資訊，就會因為跟自己無關的事，而常去批判他人、動輒發怒、嘴上掛著負面口頭禪，結果重複向宇宙下了負面的訂單。甚至產生錯覺，認為自己的人生也會發生這類不幸，終日惶惶不安。聽好了！把你的目光聚焦在半徑10公尺以內就好。祈望自己與身邊的人事物都能獲得幸福，向宇宙許願下訂單，並持續採取行動！只要全世界的人都這麼做，世界和平瞬間就能實現！

26

「想改變對方」的想法是愚蠢可笑的行為！

「我擔心孩子。」「老公不溫柔體貼。」「有那樣的父母我才這麼不幸。」

你是否總是將注意力放在別人身上呢？

其實，最可怕的是「自我忽視」。

只顧著擔心別人、熱衷於照顧他人的人，往往會忽略自己。這種人對別人所做的一切，其實都是「他們希望別人也能為自己做的事」，因為疏於善待自己，所以容易心生不滿，覺得自己一直被壓榨。結果就是開始嫉妒那些自己付出的對象，會因為對方沒有投桃報李，而鬧出一些莫名其妙的糾紛。說到底，希望對方為你做些什麼、試圖改變對方，都是非常可笑的行為。你能夠改變的，只有你自己。能照顧你的，也只有你自己。差不多該適可而止了吧！別再忽視自己，傾聽自己內在的需求，好好照顧自己吧！

27

希望別人怎麼對你
就怎麼去對待別人。

希望看到鏡中的自己微笑，你必須先露出笑容。
首先，好好對待自己和他人，
他人自然會好好對待你。

「老公都不重視我，所以我很生氣！」「孩子完全不聽我的話！」「上司總是抱怨我！」其實這都不是對方的問題啊！你之所以會這麼想，歸因於你一直以來的人生。

也許是孩提時期沒受到重視，也許是自己想做的事沒得到尊重，或是被他人傷害的心靈一直沒有治癒，心裡的傷即使長大成人之後也一直存在。你將這些憤怒、悲傷全部投射到眼前的對象身上。但就算這樣做，現實也不會改變。

你應該先重視自己，就像小時候的你希望別人怎麼待你那樣，好好疼愛自己。自然而然的，你也會開始重視對方，現實自然就會改變。

28

一時消沉沒關係！但一定要振作起來！

人不是因為發生好事才心情好，
而是心情好才發生好事。
宇宙總是在找「理由」替你製造好事。

人們是為了體驗人生百味，才有喜怒哀樂的情緒。發生了討厭的事會生氣，也會因為一點小事而悲傷，這都是人之常情。意志消沉時，就讓心靈暫且安靜休息吧。你可以這樣對自己說：「原來如此，你現在很生氣吧。」允許自己表達情緒。然後，心情開朗時多對自己說些好話，好好努力吧。全力以赴之後，多多讚美自己：「很好很棒！你看來樂在其中喔！你已經很努力了呢！」就能逐漸減少垂頭喪氣的頻率與次數。不要否定或責備沮喪的自己，強迫自己「不能沮喪」。人生本來就有起有落。偶爾消沉也無妨，但之後還是要振作起來喔。

29

對消極負面的自己也要說「謝謝」！

易怒、焦慮、怕生……
負面消極的心態是你用來保護自己的鎧甲。
心懷感激地對它說聲「謝謝」，然後安靜脫下就好。

「非常容易焦慮緊張」、「馬上就心浮氣躁」、「跟人混熟必須花很長時間」等乍看之下負面消極的個性，其實是童年時期的你為了在家庭環境中生存而習得的自我防衛手段。多虧這些方法，你才能長大成人。若你現在覺得當時的那件鎧甲有些沉重，穿起來有些彆扭，那是因為它已經不適合成為大人的你了。別責備過去的自己，衷心感謝：「謝謝你守護我至今，謝謝你幫助了我。」「已經沒問題了，因為我可以守護自己了。」放下這些過時的自我防衛手段吧。比起責備自己，更要心存感謝。這是基本鐵則。

30

你是自己人生電影的「主角」。別擅自逃跑喔！

你是你人生電影的主角、導演。

別擅自逃避，只甘心演個配角。

這是你的人生電影，就照你喜歡的劇本演吧！

在宇宙眼中，地球是電影的世界。無論劇情再波折、片中事件有多高潮迭起，因為看電影的觀眾知道最後一定是快樂大結局，所以都能樂在其中。然而，對身處其中的人而言，所有波折都是真實的，因此無法用達觀的態度來面對。你就是人生電影的主角。既不是配角，更不是臨時演員。劇本及舞台都是為你量身訂作的。同時，你也是導演。端看你想要演出什麼風格的電影。不論是恐怖電影或離奇懸疑片，只要你喜歡什麼都可以。你想體會的事物，就靠自己打造吧。你說想拍部人生逆轉勝的勵志電影？想必演起來一定很痛快！

31

大膽下訂單吧！宇宙連「能力」都能給你！

別讓現有的能力，限制了你的訂單。
給宇宙的訂單不需任何限制。
胸懷大志，充滿活力地行動吧！

向宇宙許願下訂單時，有人會下「較小」的訂單，譬如：「我要年收一億日幣是不可能啦，那就要求一千萬日幣好了。」「我不擅長在人前說話，所以當不成主持人啦。」你這不是擅自把訂單降級了嗎？就算是你本來沒有的能力，只要正確下訂單，宇宙就會賜予你相對應的力量。即便你自己沒有那樣的能力，宇宙也會安排最合適的「邂逅」，用意想不到的方法來幫你實現訂單。但這件事萬萬不能做：自我設限，只敢許小小的願望。千萬別低估宇宙和你自己的力量！

32

「全都由我負責」下定決心的瞬間，你就自由了！

責任既不沉重也不可怕。
你最需要負起的真正責任，
就是「接受所有發生的事，讓自己幸福」！

其實，勇於承擔責任，反而會更輕鬆。當你決定「我的人生全都由我自己負責」，就能瞬間海闊天空，萌生勇氣去嘗盡人生百味。一切都在你的掌握之中。因為你負起了所有的責任，儘管最後失敗了，也不用去在意別人的指指點點。為自己的人生負責，其實是一件開心的事。害怕負責，源於害怕失敗。因為從小就經常被大人告誡：「你要好好做！」「千萬不能做錯！」這樣的經驗導致你恐懼失敗。然而，只要下定決心「不論發生任何事，我都會對自己的人生負起責任」，人就會改變。真正的自由無可取代，唯有承擔責任，你才能自由過日子。拿回人生的主導權吧！

專注於「終點」。別在中途就放棄！

「我已經不行了……」「果然還是無法實現……」
喂！不要隨便修改你下好的訂單啊！
別管過程，只要專注在你的「終極目標」就好。

人生就和玩大富翁遊戲一樣。你的前提是「到達終點」，在前往終點的途中，遊戲準備了各式各樣的戲劇化事件。若「終點」的設定是不幸，儘管途中出現意想不到的成功，或是偶像劇般的相遇，最後結局都會大逆轉，變得落魄潦倒。相反的，如果「終點」的設定是幸福，途中雖然遭遇破產、離婚等哀事，仍會迎來美好的結果。沒錯，人生遊戲和大富翁的不同之處在於：雖然看不到途中的方格會令人緊張，但結局可以靠自己決定。一旦決定了，不論途中發生何事，都不要動搖。千萬別在遊戲途中擅自更改「結局」的設定。盡情擲你的骰子，充分享受人生遊戲的樂趣吧！

比起「希望別人怎麼看你」，「自己想做什麼」更重要！

「想被別人羨慕」是很危險的想法。
不要被他人的看法束縛，
聚焦在你自己真正的渴望。

向宇宙許願時，你不應該拘泥於他人的想法，依據「希望自己在別人眼中是這樣」來下訂單。因為這不是你真正的心願。訂單一定要是你真正的「渴望」，而非社會或某人的想法。像小池之前的失敗就是一個很好的例子。他因為聽人說「經營服飾店好帥喔」，就興高采烈地開了服飾店，結果就是負債兩千萬日幣。選擇人生伴侶也是同樣的道理，注重外表不是一件壞事，但跟對方在一起的理由若只是「和這種帥哥在一起很驕傲」、「因為他是人人羨慕的型男」……是無法真正得到幸福的。如果你選擇伴侶是因為「不管別人怎麼說，我就是喜歡這個人的臉」，那就OK。跟另一半在一起時，你能打從心底覺得幸福嗎？好好確認自己的感情吧！

35

藉由「尋找小奇蹟遊戲」來練習量產奇蹟！

沒有親身體驗過奇蹟的人，

就算大奇蹟突然出現，也無法相信自己的幸運。

徹底體驗小奇蹟，讓自己習慣奇蹟吧！

想要引發奇蹟，先從跟宇宙下訂小奇蹟開始，也就是一起來玩「尋找小奇蹟遊戲」。比方說，出門前先許願你今天想看到的數字、喜愛的車或喜歡的顏色。這麼一來，你出門後一定會看到許下的那個數字、車款或顏色。有人會問：「蛤，那我不就得整天尋找許下的數字或顏色嗎？」沒錯，就是這樣！訂單內容扼要明確，有助於「發現」自己所期望的結果。每個人天生都擁有這個能力。這不是吸引力法則的效果，也不是魔法。能否引發奇蹟，取決於你是否能察覺「鑽石就在身邊」。這麼說一點也不為過。

現在馬上睜大眼睛找找看吧！

別擔心，問題與解決方法總是成雙成對出現！

當你覺得快被難題擊垮時，更要睜大眼睛細看。
解決方法一定就在身邊。因為在宇宙中，
問題與解決方法往往都是成雙成對出現。

玩ＲＰＧ遊戲時，會發生各種事件，為了解決問題，你必須四處向人打探消息。因此，可能有人會跟你說：「打開村子東邊小廟的門吧。」於是，你帶著遊戲主角前往村子東邊發現果真有座小廟，也看到了門。宇宙就和ＲＰＧ遊戲一樣。你在生活中遇到的問題，就是遊戲中的事件。而遊戲一定會為你準備好解決事件的方法。不過，許多人往往眼裡只看到問題，卻不去找出解決問題的方法。走出家門凝神細看吧！多動動腦！你會發現：通向終點的提示，隨處都看得到。

37

現在的你就是100分！只要活著，任何事都是加分。

你是不是給自己扣太多分數了？
在這個當下，你的狀態就是100分！
你生來就是滿分，人生的考試只有加分沒有扣分！

人們總是執著於他人的評價，一直給自己扣分。也是啦，動物要是不對負面事物敏感的話，很容易招來殺身之禍，這也是沒辦法的事。但是，靈魂生來對地球上發生的每一件事都覺得新奇有趣，並且樂在其中。靈魂想要親身體驗各種事情，所以才會來到地球。因此，即便你現在沒有能力、即便身處谷底，在宇宙的眼中看來，你的人生仍是「大成功」、「一百分滿分」。就算發生了令人不悅的事，也別扣分，努力找出可以加分的優點吧。人生的評分沒有扣分這個選項。因為你來到這個世上，就是為了擁有各種體驗，表面上看來再負面的事，在你體驗的當下，就是加分。

就算肉眼看不到，訂單一樣存在。宇宙真的會收下你的訂單。

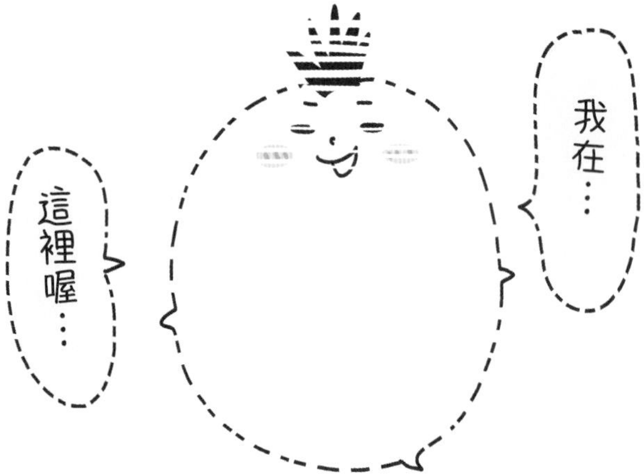

看不見的力量，容易讓人誤會不存在。

宇宙和空氣一樣，

雖然肉眼看不見，卻確實存在。

聽好了！肉眼看不見的力量，雖說看不見，但不代表「不存在」。這股力量，不同於魔法、超自然現象這種不知真假的東西，而是和空氣一樣，雖然看不見卻真實存在，是讓人類活下去的必要元素。沒有人會說：「因為看不到，所以空氣並不存在，我不是靠空氣活著的。」眾所周知，空氣即使看不到也確實存在。至於宇宙本身、你下給宇宙的訂單也一樣，雖然肉眼看不到，卻真實存在，而且造就出我們所處的現實。宇宙的力量是否存在，信不信由你，這是你的自由，但你的選擇，決定了你將迎接怎樣的現實生活！承認它的存在，相信它的力量吧！

39

你的心雖然想安定，你的靈魂卻渴望冒險！

試著挑戰的人生vs.不挑戰的人生，
兩者的結果截然不同。
別被「心」騙了而喊卡「靈魂」所渴望的冒險。

人的「心」總是想安穩過日子，「靈魂」卻老想挑戰冒險。靈魂想體驗萬事萬物，感知各種情緒，這正是它帶著肉體來到地球的原因。若真心想改變人生，就一定要有各色閱歷。人生最重要的不是成敗，而是你是否勇於嘗試挑戰，如此而已。當你心生「總有一天要做」的念頭，不如當下立刻動手去做。之所以覺得不可能，是因為你遲遲不去採取行動。只要勇敢踏出第一步，就有可能做到。只有邁出步伐的人，宇宙才會不斷給你實現願望的提示，你的人生也將加速前進、順風順水。

心願達成的那天一定會來！動起來！動起來！動起來！

「心願達成的那天一定會來」這句話是真的。
加快速度，去做今天要做的事，
徹底動起來吧！你越有信心，行動就能越持久。

誠如「黎明前的黑暗」這句話，事態即將出現大轉變時，人們往往身處谷底。當你已經採取行動、盡你所能，卻仍然四處碰壁時，宇宙就會滿心歡喜地為你送上「戲劇化轉變＝超展開」並引發奇蹟。越是寸步難行的時候，越要持續行動！聽好了，壞事發生時更要大喊：「我因為這樣而實現願望了！」並衷心感謝，想像即將到來的超展開奇蹟，笑著等待它的到來。宇宙會降下奇蹟，實現你的訂單。當你盡一己所能之後，宇宙將以出人意料的方式，回報你驚喜的結果。

再小的事情都要自己做決定。

希望別人幫你做決定？你傻了嗎！
生於地球的意義就在於：自己做決定，
依照自己的意志行動、體驗人生。

雖然有人會說：「我無法決定自己的事情。」但所有人其實都是照著自己的意志而活。人人都是如此，無一例外。說自己無法做決定的人，其實決定了一件事：「因為我無法做決定，就讓別人來代勞吧！」所以仍然無法逃避責任。就算事後懊悔「我明明是照著某某所說的去做啊……」到頭來，你只能一直依循「總是無法照自己的意思而活」的訂單過日子，而且最終為自己人生負起責任的仍是你自己。這樣好嗎？現在重新思考一下吧。不論做出任何選擇、得到什麼結果，別忘了那都是出於你自己的意志。

42

別乾等，主動出擊吧！
Let's challenge!

下完改變人生的訂單後，
宇宙一定會降下提示給你。
不過，如果你什麼都不做，現實就不可能改變。

我經常說，想像幸福的未來很重要，但這不代表可以整天宅在家裡做夢，心想「要是有一天能這樣該有多好」，願望就能實現。下訂單之後，你還要遵循宇宙所給的提示行動。每次接到宇宙的提示就能馬上行動的人，最終一定可以實現心願。灰姑娘也是想辦法進入城堡，並要求「請讓我也試穿玻璃鞋」，最終才能與王子結為連理。她可不是待在原地乾等幸福降臨。想要實現願望，行動是不可或缺的。「王子，總有一天您要找到我喔！」「總有一天我一定能抓住大好機會！」光是想而不行動，未來永遠不會改變。重要的是挑戰。就算只是嘗試也無妨，試著拿出實際的作為吧！

43

向貴人求助吧！「獨自承擔」也是一種罪過！

「只要我忍耐」、「只要我努力」就一定能辦到？！
你根本不用獨自承擔一切。
相信宇宙，讓「貴人」幫你一把！

為了實現人們的心願，宇宙自有一個人才派遣網，就像牽紅線的媒人一樣，會為每個人媒合他們需要的人。宇宙派遣給你的助手，會以「貴人」的形式出現，熱心協助你促成人或事物，用各種方法幫助你實現心願。但是，「抖M人」不知為何總是喜歡獨攬一切、咬牙硬撐，試圖靠自己解決問題，到了最後關頭才說：「我辦不到！」結果反而造成周遭人的困擾。這都是完美主義作祟所引發的本末倒置。不要一個人硬撐，你的四周有許多貴人。要知道，請求宇宙的協助，也是你重要的工作之一！

「請這樣對我！」這句話就寫在你臉上！

覺得「被人粗魯對待」、「遭到不合理對待」之時，
代表你其實也沒有好好對待自己。
若想被人重視，你要先重視對方！

人總是在向周圍示範「你們該怎麼對待我」，簡直就像寫在臉上那般直接了當。換句話說，你怎麼對別人，別人就怎麼對你。如果你現今正為人際關係所苦，比起期望對方改變，你要先用希望別人待你的方式，好好對待自己與對方。當你覺得「別人都不聽我的意見」，就要先試著去好好聆聽對方的意見。如果「希望另一半重視自己」，你就要好好對待另一半，同時也要好好對待自己。這麼一來，人們就會以你期望的方式來對待你。

45

千萬別讓自己失望！

不要無視自己心中真正的聲音。
你曾發自內心地稱讚過自己「好棒」嗎？
別讓內心深處的你對自己感到失望。

因為「沒錢」這個理由，而沒能去真正想去的地方；或是因為「缺乏自信」，而沒能去做想做的事。你知道你的靈魂正在為此哭泣嗎？從現在開始，立刻停止所有會讓內心感到「失望」的選擇。在路上亂丟垃圾、在車上裝睡不讓位，或是刻意不打招呼，這些行為會讓你的內心感到失望，你的靈魂會因此而慚愧後悔「我怎麼會做出這種事啊～」多做點能讓「內心深處的那個你」拍手叫好、大喊「好帥！」「我真棒！」的選擇吧！累積讓自己開心的選擇，才能提升你的氣場，幫助你得到好運。

46

重點不是做不做得到，而是「做就對了！」

別去想「要是做不到怎麼辦」，
也別想「等我再厲害一點就去做」。
想這些五四三沒意義，現在立刻去做就對了！

許多人在臨終時會感嘆：「要是當時有做那件事就好了！」然後回歸宇宙。之後又生出這樣的念頭：「我想去地球！這次我一定要體驗各種事情。」所以，現在身處地球的人們，千萬別忘了你們來這個世界的初衷啊！比起失敗，不行動會更後悔。別因當下的框架和經驗自我設限，擔心「要是做不到該怎麼辦」。別拿「我總有一天會做」、「如果是那樣，也許做得到」當藉口，拖延真正該做的事。在「想做」念頭出現的當下，去做那件事的能力就已經存在於宇宙，也是你採取行動的大好時機。放心交給宇宙，選擇「去做」吧！

47

「我果然做不到」的負面思考就用口頭禪來消除！

「明天就來做！」「果然還是辦不到……」
別讓這些負面的口頭禪，
建立「我有心想做，但就是做不到」的假象！

考不好被罵、房間整理不好、暑假作業到開學前一天還寫不完……小時候，你是否有過這些經驗呢？「果然還是來不及……」「還是做不到……」「看吧，就是不行……」嘴上老掛著這些負面口頭禪，只會造成「我有心想做卻動不了」、「我果然不行」的幻覺，讓你對自己失去信心。聽好了，給我仔細傾聽你內心最真實的聲音！你辦得到！內心深處的那個你相信你做得到！改變自己最簡單的方法，就是先改變你的口頭禪。把「我做得到！」當成口頭禪吧。口頭禪是一種自我暗示，快停止對自己進行負面的催眠，醒醒吧！

無論何時，把「感覺很有趣」當成你的口頭禪！

發現自己想說出：「感覺不太好玩⋯⋯」時，
馬上改口：「感覺會有好事發生！」
不論任何時候，都是話先說出口，願望才會成真。

人類這種生物會因為自己的話，而改變大腦的活動、改變心靈、改變行動。所以，無論是實際說出口的話，或是在心中默念的話，話語就像發號施令的司令台一樣。因此，口頭禪能夠決定人生，換句話說，口頭禪足以改變人生的理由就在此。當你碎念：「感覺很討厭……」「好無聊啊……」心就會悶悶不樂，導致大腦無法發出行動指令，事態就會朝著不好的方向發展。相反的，你在無聊時不妨自言自語「感覺很有趣耶」。這樣你就會發現有趣的元素，開始躍躍欲試，大腦也會發出行動的指令。接著事態就會好轉，變成「感覺真的很有趣」的情況。姑且相信我一次，去試試看吧！

49

即使是微小的一步，累積起來也是可觀的成功！

任何成就，都始於微小的第一步，
無關乎才能、年齡與經驗！
就算走得磕磕絆絆，也要不斷累積每一步！

人們在觀察成功人士時，往往會覺得「這件事只有那人才辦得到，因為他很特別」。但無論是誰，都必須邁出第一步才有可能成功。可以說，成功始於人們在人生某階段為某件事而踏出的第一步。有人是從小就孜孜不倦，有人是長大後才大器晚成。也有人是拋棄了過往的一切，做了真正想做的事而成功。你所憧憬的成功人士，他們所邁出的第一步，都是在提示你怎麼讓人生大逆轉。多聽聽那些人的話。如果他們是你周遭的人，就親自登門拜訪！最初的一步，即使只是小小的一步、搖搖晃晃的一步都無妨。最重要的是，你必須不斷跨出舒適圈，累積挑戰的「每一步」。

「討厭」也是訂單！壞念頭也會實現喔！

停止一切負面消極的口頭禪。
你說出口的話全都是給宇宙的訂單，
即便不是發自內心，宇宙也會一一實現。

宇宙是一種神奇的裝置，它會加強人們話語的能量。所以，無論是「討厭」或「喜歡」，都是訂單的一種。宇宙不會判斷，只會單純放大話語的能量，讓話語成真。當你說出「討厭」，「討厭」就會放大並成為現實；若說了「喜歡」，「喜歡」也會放大並成真。所以，千萬別說負面消極的話，也別去想像負面的事。不小心萌生「真討厭啊」、「好可怕」等念頭時，立刻對自己說：「謝謝！」「我愛你！」當你這麼說的時候，「討厭」、「可怕」就會漸漸減少，「謝謝」的正面情緒將凌駕原本負面的「討厭」，一點一滴改變你發給宇宙的訂單。

宇宙一直都是「預付制」，先提出你的訂單吧。

雖然還不會剪輯影片，
但從今天起，
我就是YouTuber!!
太好了

想收到東西，你得先提出需求。
宇宙一直都是「預付制」。
你要先提出訂單，才能收到貨物。

若想實現願望，就要隨時提出你的要求。當你還在糾結「技術還不純熟」、「得先學好再來做」時，機會早已到來。要求與機會，本來就是成對一起出現。這就是宇宙的法則。宇宙運作的法則是「預付制」。當你主動向外提出要求，就會獲得更多。先付出（提出要求），然後接收（夢想實現）。不斷重複這樣的動作，逐漸培養能力。即使目前仍處於「技術不成熟」的階段，也要宣布你想要做的事，提出你的訂單！你所描繪的願景已經存在於宇宙之中。重要的是先提出要求。這麼一來，一定會獲得極大的成果。

52

任何時候，
都要描繪愛與喜悅！

結婚後，我想跟老公每天都在沙灘上散步
傻笑
傻笑

給宇宙的訂單或行動，隨時要以愛與喜悅為優先。
若是因為害怕失去而行動，就一定會失去。
行動的動機應該是「喜悅」，而非「恐懼」！

「要是老了沒錢該怎麼辦？」「要是一直結不了婚怎麼辦？」「就算做了也可能會失敗……」你所有的恐懼，都會成為你下給宇宙的訂單。可悲的是，恐懼的情緒只會生出恐懼的結果。你一開始設定的情緒，就是你的訂單最後會抵達的終點。出於恐懼的訂單，將帶來可怕的結果。若想得到幸福，必須詳細描繪願景：你要身處何處、獲得何物，才能發自內心感到幸福，活得安心自在、豐足無憂。當你在描繪願景時感受到無盡的喜悅，臉上的笑容收也收不住時，就能下單給宇宙了。你所發出的訂單若是出自愛，就一定會加強愛的能量，以愛的形式回歸到你身上。

53

所有發生的事
好壞都由你決定！

事件本來是沒有意義的，

是人們為它賦予了意義。

無論發生什麼事，都為它加上正面的意義吧！

看到像「龍」的雲就開心，看到黑貓就覺得「晦氣」？

其實，所有事情原本不具任何意義。是人們為這些事賦予了意義。這麼說並非要你別為發生的事或看到的光景加上意義，而是你應該全都往好的方面想。同一件事，往好的方面想的人，跟往不好方面想的人，誰的人生比較幸福？答案應該很清楚吧。凡事往壞處想的人，容易說出負面口頭禪，阻塞連接宇宙與你之間的管道。事情原本沒有意義，你根本不必讓自己陷入不幸。當發生在你眼前的一切全都是好事，就是訂單即將實現的信號。抱持正面心態的人，奇蹟就會降臨在他身上。

該和未來的哪個自己簽約？由你自己決定！

再異想天開的事，

看起來絕對不可能實現的大夢，

在你想到的瞬間，它就存在於宇宙的某處。

所有你想像得到的事，都存在於宇宙中你自身的記憶。

也就是說，你之所以想像得出來，是因為那個「現實」已經存在於宇宙的某處，而你正在實現它。宇宙之中，有成了大富翁、身心富足的你；也有一屁股債、要死不活的你。你下單訂下了哪個自己，將來的道路就會改變，行動也會改變。年收一億日幣的你、負債五億日幣的你，想選擇成為哪一個你，都是你的自由。你能自由選擇想要的體驗，而且一定會實現。但是，你必須虛心接受宇宙給你的提示、坦率付諸行動，自始至終都要相信你的願望必定會實現。

55

從今天起，停止自我設限！

經常輕視自己、指責自己，

卻從未稱讚過自己。

這樣的話，就算許下幸福訂單，也會不斷被取消。

你之所以會自我設限，是因為可以得到好處。例如，明明有想做的事，卻以年齡為藉口不去行動，對你的好處就是「可以避免嘗試而失敗」。問題的癥結大都源於你所成長的環境。試著回想一下，最早開始挑剔你的人是誰？如果你有個常把「反正都事到如今了～」當成口頭禪的母親，就會讓你擅自設定年齡限制，並以此為藉口放棄夢想。看著愛挑剔又不幸的母親，你會產生「只有我自己幸福很愧疚」的罪惡感。現在立刻戒掉這種毫無意義的「不幸癖」吧！失敗根本不算什麼，若是你自己不先幸福，更別談拯救任何人了。

56

這個決定或行動，能得到明天的你稱讚嗎？

昨晚睏得要命、
還是記得設定
自動煮飯的我，
真是太棒了!!
嗶
早餐真是
太好吃了!!

你所能改變的，永遠只有現在。
別再追悔過往，好好活在當下吧！
抓住來自未來的指示，邁步向前吧！

你要記住這個重點：時間不是從過去流向未來。應該說，時間是從未來流向過去的。而「當下」永遠是稍縱即逝的一個個「點」。在現實的物質世界、在這個地球上，你所能改變的唯有「當下」。追悔往事、抱怨過去的自己，都是沒有意義的。活在當下，讓明天的你能感謝今天的自己吧！多思考「該怎麼做，才能讓明天的自己開心？」然後馬上採取行動。到了明天再感謝：「多虧昨天的自己那麼做了。」不斷重複這些行動，就能讓訂單實現。好好度過當下的每一刻，才有可能得到你想要的未來！

57

持續告訴自己：
「有錢真好！」

即使已經改變口頭禪，卻仍為了錢而煩惱，
正是自己心裡「賺錢不好」的想法在抗拒金錢。
允許自己可以去賺錢吧！

從小就看著雙親為錢辛苦奔波，純真的孩子會覺得：「錢很髒，跟錢扯上關係不會有什麼好事。」這樣的成見非常可怕，冥頑不靈的程度，連宇宙也會嚇到。更麻煩的是，一旦生出這樣的想法，之後就算想改變，也很難靠一己之力改變。擁有這種強烈的人生前提，將會阻礙你下給宇宙的訂單，不論你如何改變口頭禪、改變行動，仍會發生為金錢所苦的現實。首先你要告訴自己：「錢會帶來幸福還是不幸，由我自己決定！」「當我有錢且過得富足，周圍的人也會變幸福吧！」把「有錢真好」當成口頭禪，下定決心歡迎金錢的到來吧。

58

沒有人惹你生氣！是你惹自己生氣！

「全都是那個人害的！」這是真的嗎？
沒有人能操控你的情緒，讓你憤怒或悲傷。
不論憤怒、悲傷還是歡笑，都是你自己的決定！

發生問題時，究竟是對方的錯？還是自己造成的？不同的態度，看事情的角度就截然不同。將問題歸咎於旁人、環境等外部因素，或許比較輕鬆。因為不用對自己的人生負責，只要不斷責怪別人就好。但這麼一來，在人生快要結束的那一刻，你難道不會後悔嗎？臨終前的那一刻，想著「都是那人害我什麼都做不到啊……」就斷氣了！（「叮——」背景響起做法事的銅鈴聲）這樣真的好嗎？人本來就不會為別人所傷，或因為他人而悲傷。因為，對他人的言行舉止一一做出反應的人，無疑就是你自己。現在立刻拿回人生的主導權，別讓他人決定你的人生！

迷惘時，問問未來的自己！你就會知道現在該做什麼！

不知道該怎麼做的時候，
就問問未來的自己吧。
其實你很清楚怎麼做才是真正對自己好。

當你向宇宙許願下單時，代表實現願望的「未來那個你」，已經存在於宇宙中。所以，你可以試著問問自己，宇宙給了你什麼提示。準備兩張椅子，對另一張椅子呼叫未來的自己，跟未來的自己對話。直接問對方：「該怎麼做，才能像你一樣？」「未來的你，當時是如何熬過谷底的？」這是你與「內在深處真正的自己」之間的對話。任何人在有需要的時候，隨時都能接收來自「未來那個你」的訊息。

60

女生要信任男生，
男生要用愛來守護女生！

女生不可以無微不至地照顧男生。
男生不可以粗魯地對待自己選擇的女神。
女生是女神，男生則是騎士。

社會上總有像浩美這種老是遇到軟爛男的女生，這已經不是「吸引」軟爛男，而是「生產」軟爛男了。女生對男生而言，本該是女神般的存在，但現實往往並非如此。當妳過於體貼對方：「我會為了你而努力！」「錢的問題我來解決！」男生就會失去表現的機會，變得越來越廢。女生若想支持男生，並非親自出手幫忙，而是相信男方、把事情交給他，給他珍惜妳的機會。這麼一來，男方自會開心地發揮能力，變身成能幹的男人。而且男人生來就有騎士精神。把自己重視的女生當女神對待、守護她、給她幸福，抱持這樣的心態，就能跟伴侶維持圓滿順利的關係。

狀況沒改變？
問題就在你的訂單內容！

你的願望之所以沒有實現，
是因為某個負面願望正在實現。
那正是阻礙你人生變化的兇手。

明明決定了結果，也把心願下單給宇宙了，若人生依舊沒有改變，你就應該注意「有沒有『因為現狀不改變而實現』的真正訂單」。例如，你決定創業做想做的事，願望卻沒有實現，代表你一定獲得了「因為不創業而得到的某些東西」，像是「可以不用負責」、「可以過著安定的生活」或「可以不用和夥伴分開」。跟宇宙下訂單想結婚卻沒結成，代表這張訂單的背後隱藏著你真正的心願，而且那個願望還實現了，例如「不用讓父親或母親孤身一人」、「可以不用失去自由」等。當你覺得受到阻礙，此時要先問自己：「透過『沒有改變的現狀』，我獲得了什麼？」那才是你真正的訂單。

62

覺得「時間還早」，代表要「馬上去做」！

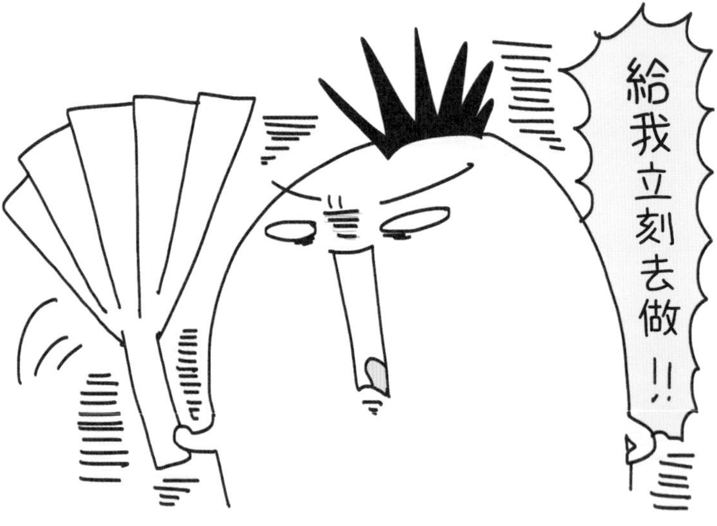

等累積實力再做？等瘦了3公斤再說？
找藉口不去做的事，
就永遠不會去做！

你認為「目前對自己來說還太早」的事情，代表你已經做好行動的準備，甚至可說有點晚了。因為你能描繪出來的東西，早就已經存在於宇宙中。現在不做的話，你就永遠不會去做。在人生的最後一刻才後悔「要是當時有做就好了……」乃人之常情。「總有一天想嘗試、但現在還做不到的事」，換言之，其實就是「現在應該馬上去做的事」。你只是在找不去做的藉口，而非時候未到。你說自己還沒準備好？所謂的「準備」，在向宇宙下單、開始行動之後，不知不覺就會準備好了！懂了嗎？而所謂的還沒做好準備，是因為你遲遲不採取行動！

63

付錢的時候，要「滿心歡喜」！

宇宙中的一切都是預付制。

想要得到金錢，你就得先付出金錢。

千萬別說：「要是錢沒回來怎麼辦？」小心被宇宙聽到！

在你付錢之時，其實同時也在接收比那筆錢多上數百倍的豐富資源。比如說電費，若現在要你自己像愛迪生那樣做研究，製造電力、創立電力公司、建設電線桿、供應電力，究竟要花多少錢呢？如今你只要每月花上幾千、幾萬塊，按下開關，就能獲得方便的電力。這是多麼富足又值得感謝的事啊！也就是說，所謂「付錢」，就是用付出的金錢換得物超所值的豐厚資源。所以，我們在付錢時更要面帶微笑、滿心歡喜。你應該大喊：「這筆錢給我帶來物超所值的富足生活！」而不是「付完就沒錢了……」花錢時心懷感謝，將會得到更多回報。

64

訂下錢的「用途」與「入帳期限」！

向宇宙下訂單要求金錢的話，
必須明確訂下「金額」、「期限」以及「用途」。
發自內心相信自己值得收到這筆錢！

之所以沒有錢入帳，是因為你認為自己沒有收錢的價值。首先，你必須認可自己有資格收到錢。然後，想像自己實際上會如何使用這筆錢，跟自己約定「我一定會準備好這筆錢」、「我能賺到這筆錢」。像小池他明明負債超過千萬日幣，卻仍認真想像該怎麼使用宇宙給的錢，比方說：「去上心理學講座，然後配合自己知道的宇宙運作機制，幫助更多人變幸福。」正因如此，奇蹟才降臨在他身上，讓他在繳款期限前一天湊齊上講座所需的錢。因為他按照自己的想像，將存到的錢用在心理學講座提升自我，才能實現自己的願景。只要有心，你也一定能做到！

65

人到中年
更要做大夢！

年輕人的夢想大多是妄想。
有年紀的大人所做的夢，才是真正的夢想。
向宇宙下單你真正夢想的時機來囉！

有的人會把「做不到」歸咎於年紀大了，心有餘而力不足。其實，在人生經驗不夠的年輕歲月所描繪的夢想，往往經不起考驗。有時甚至會發生這種狀況：向宇宙下訂單，不顧一切行動後夢想實現了，卻發現「這不是我想要的」。而且，人的夢想與理想，會隨著經驗的累積而改變。人生經驗已累積到一定程度的大人，會理解真正的自己，覺得「啊，自己真的很喜歡〇〇呢！」「我想做那件事！」這時許下的心願才是真的。夢想不是年輕人的特權。人到中年更要許願！向宇宙下訂單！就算覺得「應該無法實現吧」，只要用正確的方式下訂單、付諸行動，宇宙就會以超乎想像的展開方式，來幫助你實現心願！

66

宇宙中
存在了一切可能！

「我只想讀這所大學！」「我只想進這家公司！」
「我只想跟這個人在一起！」這些限制全都是空想。
別緊抱著執念不放，放手去體驗吧！

宇宙中同時存在著各種可能性，以及由那些可能所形成的世界。也就是說，在其他時空中，有另一個你，實現了你求而不得的心願。因此，「因為得不到〇〇所以無法幸福」只是你的幻想。宇宙中有另一個你，和拋棄你的人結婚、過著幸福快樂的日子。有無數個你在不同的世界經歷了各種體驗，在離開地球時，「你和那傢伙結婚了？」「你成了職棒選手？」像這樣分享著彼此的經驗，一起回歸到宇宙。因此，你根本無須執著，只要好好體驗你所沒有的經驗，過著多采多姿的人生就好。盡情享受今生的「你」吧！

別再拖拖拉拉。人生短暫，好好玩個夠吧！

還在用「總有一天」、「再過幾天」找藉口嗎？
在你拖拖拉拉的時候，回歸宇宙的時間很快就到囉！
別忘了，人類的死亡率可是100%！

人是為了體驗各種事而來到地球上的，即所謂的旅人。

如果你老是宅在家裡、懶得動，或是花大把時間在煩惱上，那你到底是為了什麼才來到這個地球呢？你的終極目標應該是在人生結束時，看著人生的走馬燈，心想「我經歷過了那些，也做過了這些，真是超開心啊～」心懷對地球的感謝，回歸宇宙。然後，將「盡情玩樂的紀錄」交給宇宙。什麼都不做就結束人生的話，又有什麼意義？

所謂「成功的人生」，並非零失敗的人生，也不是平安無事的人生，而是「沒有遺憾的人生」。人生短暫，盡情享受你在地球的日子吧。

否定過去的自己，根本沒有意義。

我要對1年前
的自己，
說聲謝謝!!
感謝昨天
的自己!!

只顧著挑過去自己的毛病，
就會錯失來自宇宙的提示。
現在的你該專注的是：該怎麼思考和行動！

聽好了！別再懊悔「當時要是再努力一點，現在的我就會不一樣了……」不要糾結過去的事，更別抱怨過去的自己。試著想像十年後還在抱怨「要是十年前就做的話，應該就來得及」的自己，是不是很可怕？在你不斷拖拉的時候，生命的盡頭很快就到了。活在當下，讓明天的自己能衷心感謝現在的自己吧！試著去思考「該怎麼做，明天的自己才會開心？」馬上行動吧！到了明天，就別責備昨天的自己，你要感謝昨天的你，並跟自己商量：「那麼，今天該怎麼行動呢？」就從今天開始做起！懂了嗎？

告訴自己：「好幸福！」「好開心！」

好開心、好高興、好幸福。
不論身處任何狀況，都可以由你來定義。
下定決心：隨時都要開開心心。

你的幸與不幸，並非由他人來決定，而是百分之百由你自己決定。要以怎樣的心情度過每一天，也是立刻由你來決定。即便現在的狀況不是你所希望的，仍然可以告訴自己：「啊～好幸福！」並樂在其中。多多選擇幸福及快樂的情緒吧！因為宇宙很快就會帶來「與你情緒一致的現實」。下定決心「不管怎樣，我一定要幸福！」把幸福作為你的人生前提，好好過日子吧。以往戴著「不幸」的眼鏡所看到的世界，一旦換上「幸福」的眼鏡，就會聚焦在生活中的小小幸福。沒錯，幸福並非來自於發生的事情，而是來自你自己的心態。

宇宙中，奇蹟人人有份
根本不用玩「搶椅子遊戲」！

奇蹟沒有數量限制！因為這是專屬你的宇宙。
你所做的、所發生的任何事，都是有收穫的。
若是一無所獲，代表那不是你真正需要的訂單。

奇蹟發生在別人身上，不代表就不會發生在你身上。即便年收一億日幣的人只占總人口數的〇・〇二%。只要你下單的方式正確，而且是發自內心所下的訂單，就一定會實現。所謂奇蹟，並不是在玩搶椅子遊戲。每個人都活在各自的宇宙裡。有多少人期望奇蹟，就有多少奇蹟會發生。如果你認為「因為別人得到了奇蹟，已經沒我的份了」，這樣的想法就會成為訂單，導致這種現象：「奇蹟只降臨在他人身上，但就是不會發生在你身上。」宇宙會實現人們明確的訂單。願望之所以沒有實現，代表那張訂單不是你真正需要的。因為宇宙一定會彰顯人們打從心底深信的「人生前提」。

71

推的不行，就改用拉的！經常「逆向思考」。

人的心理看似複雜卻很簡單。
有時，反過來做才是正確答案。
事情進展不順利的話，先試著逆向思考吧！

許多問題只要逆向思考就能獲得解決。例如，過度投入工作時，你該專注的不是「我快被工作壓垮了」，而是「埋首於工作，會不會忽略了什麼？」無法跟折磨自己的另一半分手，就思索這點：「我是因為想折磨自己，才讓那人留在身邊嗎？」很痛苦卻戒不掉，是因為這麼做會讓自己有所得。「想戒卻戒不了」是假的，真正的原因在於「自己因為戒不掉而獲得某種好處」。如果沒有找出問題的根源，痛苦就會一直持續下去喔！時常逆向思考，找出問題的癥結吧！

「只做喜歡的事就好」?!
別說這種傻話!

光是下訂單給宇宙，不能算是「吸引力法則」。

因為，你必須有「下定決心」的覺悟和行動，才能實現心願。

一覺醒來就心想事成，是不可能發生的。

最近經常聽到：「不想做的事就別去做。」「只做喜歡的事，人生就會順風順水。」這是「宇宙訂單達人」常用的說法。能正確下訂單並行動的人，在旁人看來就像是將好事「吸引過來」一樣。剛開始嘗試下訂單的初學者，在下完訂單收到宇宙的提示，並付諸行動的過程中，一定會遭遇害怕變化的撞牆期。這時如果心懷畏懼：「我討厭這樣，所以應該不是給我的提示。」「我不想做！」而不去行動，訂單就永遠不會實現。想得到打心底真正渴望的事物，一定要付出努力與行動。

別對嫉妒做出反應！以免消耗你的能量！

嫉妒是人的負面情感，既可怕又纏人。
高度在意他人的妒意，會害你動彈不得喔。
與其那樣，不如輕巧躲過，走自己的路！

錢這種東西很麻煩。很多人都認為金錢是成功與幸福的象徵，所以會嫉妒有錢人，甚至想要勒索敲詐對方。所以，當你賺不到錢、存不了錢，或是明明有錢卻不順利時，代表你暴露在某人的嫉妒能量下，在不知不覺中被套上了腳鐐、動彈不得。嫉妒心強的人，不允許身旁的人或他們認為遠比不上自己的人突然發憤圖強、力爭上游。他們希望對方與自己處於同樣的水準，或居於自己之下才能安心。當這種人擺出一副義正嚴詞的姿態，說出討厭的酸言酸語時，告訴自己「不要接招」，閃開對方的嫉妒攻擊吧！

74

遵守跟自己的小約定，和內在的你和解

自虐型口頭禪，會傷害內在真正的自己，
內在的自己，會對光說不做的你感到失望。
遵守跟自己的小約定，找回對自己的信賴吧。

你應該比任何人都相信、期待自己的可能性。可是，此前的你再三對自己爽約，然後再去怪罪那個無法遵守約定的自己。你內在真正的自己，對「光說不做」的你非常失望。如果無法恢復信賴，你就不能和真正的自己重修舊好，心願也不會實現。「今天內要完成這件事！」「週末去吃美食。」再小的事都可以，跟自己立下約定並守約，藉此重拾對自己的信心。當內在真正的你覺得「這位再也不會背叛我了」，你就能一點一滴重新找回力量。對自己抱持最大的期望，然後努力去回應對自己的期待吧！

75

「我果然做不到……」這是負面的自我催眠！

「我果然做不到……」會直接成為給宇宙的訂單。
消極的口頭禪是會將自己推落萬丈深淵的負面暗示。
多說正面的開運口頭禪，消除負面想法的影響吧！

就算曾發生過讓你覺得「我果然還是不行啊……」「自己沒本事完成……」的事，其實你也無法知道是否為真。因為人的記憶容易被影響。不過，最糟的是因此而生的負面口頭禪。「結果還是不順利……」這類負面的自我評價，是奪走個人可能性的「自我催眠」。人們說出口的話會直接成為給宇宙的訂單，覆蓋過去的記憶，加重「我果然就是做不到……」的自我暗示，帶你走向更黑暗的未來。如果你老愛說：「我果然做不到……」，就要刻意多說：「我果然做得到！」讓正向積極的口頭禪取代負面消極的口頭禪。

76

找出「做不到」背後隱藏的「恐懼」！

有心想做的事，不知為何總會擦身而過。
當你發現自己正朝著無法實現心願的方向前進時，
代表你心中懷有恐懼。勇敢面對吧！

「我要結婚！」當你下定決心也付諸行動了，卻總是被對方甩掉，或持續被劈腿；已經決心「要找到新工作」也投履歷了，卻一直不被錄取。這代表你的心底，存在著「心願一旦實現會很傷腦筋」、「實現了會很可怕」的理由。這些全都是「恐懼」。當你心懷恐懼，即使做了任何決定，只要宇宙的通道是堵塞的，就會無法堅持你的夢想，而總是一再落空。這時你更要徹底與自己對話，問問自己：「結婚後會發生什麼事？」「找到工作後會變得怎樣？」「變幸福有什麼好怕的？」即使害怕也要邁出那一步！

成功者的語錄，不要照單全收，你要模仿的是，他們逆境時的「行動」！

能否成功，在於你關注的是成功者的「哪一點」。
你所需要的提示，是對方在成功之前的行動，
而非「現在」的一言一行！

現在能隨心所欲過日子的人，全都樂在自己所做的事，所以會說：「我只做自己想做的事。」但聽到他們這麼說，就以為「這樣啊？原來只要做喜歡的事就好了嗎？」可是天大的誤會。從未聆聽過心中「真正自己（＝潛意識）」的聲音、不採取行動、沒有訂單實現經驗（但負面訂單倒是全都實現了）的人，往往只想模仿成功者現今隨心所欲、光鮮亮麗的一面，但這麼做是沒有意義的。你應該仔細觀察並模仿的是，對方在人生困境時是怎麼度過的。如此就能發現：他們即使身處困境，也不會放棄行動。只要行動，就能改變人生。

實際去拜訪
「你想成為」的那些人！

人是一種能量體。

能量會「傳染」，所以要格外注意。

和消極負面的人在一起，你就會越來越負面。

有煩惱的人，喜歡跟像自己一樣有煩惱的人聚在一起。他們看到幸福的人就會嫉妒，看到即將變幸福的人，還會去扯後腿。這樣的小團體很危險，會讓人永遠無法脫離不幸。比方說，想結婚的單身女性不該聚在一起討論：「為什麼沒有好男人！」「就是沒有啊！」你應該親近的不是互相抱怨煩惱的同伴，而是理想的典範。想變幸福、想讓自己閃閃發光、想在工作上做出成果……什麼都可以，去見見你憧憬的對象，接受對方的激勵。只要走對方向，就能自我磨練，也能遇見真正有益的同伴，連工作也會順利。理想不會逃跑，一直以來都在逃避理想的那個人，其實是你自己！

孤獨其實是一種幻覺！宇宙是你的最佳夥伴！

沒有人是獨自活著的，
每個人都有各自的宇宙陪伴著自己。
孤獨只是你內心製造出來的幻覺。

所有人都是在各自的宇宙裡隨心所欲生活。在那裡，宇宙與人緊密相連。因此，即便是獨居的人，也沒有人是真正孤獨的。如果你覺得快被孤獨感淹沒，其實是你內心生出的幻覺。因為害怕孤獨而想牢牢抓住某個人，反而會嚇得對方甩開你的手，更加深你的孤獨感。但是，宇宙是愛的。所有人都是不可或缺的存在。知道嗎？你存在的機率是四千億分之一，也就是說，你的存在本身就是一種奇蹟。與之相比，逆轉人生根本只是小事一樁。知道這點後，是不是覺得自己無所不能呢？

把「錢進來囉！」當口頭禪，在宇宙銀行存錢吧！

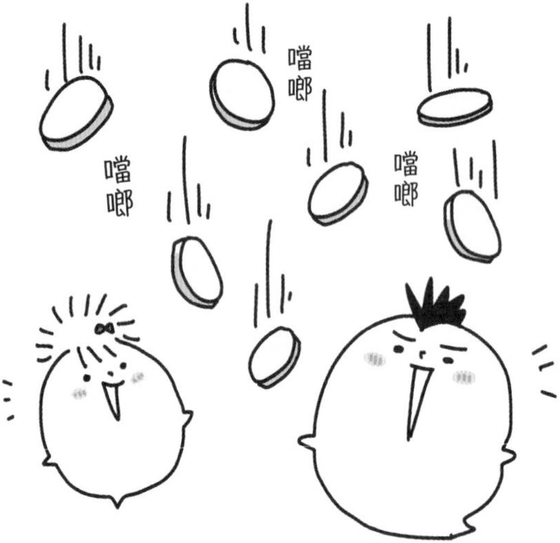

當你提不起勁行動時，
此時最適合你的口頭禪就是「錢進來囉！」
你的宇宙戶頭裡，存滿了愛與富足喔！

來自宇宙的提示中，或許也有你不想做的事，像是「給我早起」或「快去跑步」等。這時正是口頭禪「錢進來囉！」出場的時機。覺得麻煩而想停手的時候，想像你正在宇宙銀行存錢，告訴自己：「錢進來囉！」你做得越多，錢就存得越多。這些努力會累積為龐大的「愛與富足」存款，在某一天成為天降奇蹟。心懷期待，等待它為你帶來的驚喜吧。如果因為怕麻煩，而在行動時生出「真討厭」的想法，你的訂單就會被修改為「真討厭」，就連你付出的努力，最後也只會產生「真討厭」的結果，不可不慎啊！

讓你實現「獲得100萬日幣」訂單的方法!

「我想要錢」無法成為真正的訂單。

在什麼時間需要多少錢?打算怎麼使用?全都要寫清楚。

宇宙會駁回用途不明確的資金申請。

有些願望，如果不聚焦在原本的目的就不會實現。例如「一百萬日幣入帳了」這樣的訂單，有的人會實現，有的人卻不會。不知道錢要用在何處的話，即使下訂單也不會入帳。你必須具體寫出要用這筆錢來做什麼？如實形容可以用這筆錢過著什麼樣的豐足生活，宇宙才會接收到你的能量，幫助你實現心願。盡可能具體而清楚地描繪出致富後的未來吧。還有，你需要的金額、入帳期限，每個細節都要鉅細靡遺地註記在訂單上。舉例來說，如果你想去旅行，就要計算旅程所需的所有經費再許願下單。訂單的內容越詳實，心願越容易實現。

82

找出讓你不敢行動的「心靈剎車」！

就算向宇宙下了訂單，身體卻動不起來。
這時你要把目光轉向內心的煞車。
只要注意到內心的成見，人就有改變的可能。

靈魂存在於宇宙，享受著人在地球上的所有行動。另一方面，心是人誕生於地球之際，為了守護肉體所加上的裝備。為了能在地球上生存，人們會在家庭與大環境訂立各種規範，確保孩子能夠平安成長。這些規範會成為那個家庭的「常識」，而人一旦習慣某種規範，終身都難以改變。即使長大成人有了想做的事，也會因為無法擺脫從小就習慣的規範而踩煞車。你之所以會覺得這個世界很難生存，都是源自你內心的成見與規範。向宇宙許願下訂單卻無法實現時，你更要聚焦在自己的心，勇於質疑那些你在不知不覺中習以為常的常識。

83

喜歡吃苦的抖M人
快重新修改你的「設定」！

浩美是預設為「最喜歡不幸」耶…
討厭!!幫人家重設啦!!
使用說明書

想要實現訂單，行動是不可或缺的，
但你不需要「辛苦得半死」。
別讓「吃苦」這件事成為你的最終目標。

想實現心願，行動是不可或缺的，但認為「必須吃苦才能獲得幸福」是很大的誤解。宇宙的運作機制既簡單又縝密，下訂心願並付諸行動後，願望一定會實現。但如果你的訂單是「辛苦得半死，最後才能獲得幸福」，你就必須先吃許多苦頭才能實現心願。不用這樣，宇宙也會為你帶來戲劇化的奇蹟，所以實在沒必要在劇本刻意加上「辛苦得半死」的條件。你只要簡化成「一定會順利」的設定，開開心心下單，快快樂樂行動就好。記住！「事情不可能那麼順利」是宇宙嚴禁說出口的最差口頭禪第一名！

84

現在立刻寫出令你興奮不已的三件事！

回想讓你覺得開心的事情。

每個人的人生中，至少都會有一件快樂的事。

不信的話，不妨現在試著寫寫看！

喂，我說你啊！到底是從何時開始認定「人生一點也不有趣」呢？而且，為什麼你只看那些不開心的事情，淨給自己找煩惱呢？你生活的地方是名為「地球」的遊樂園，就連驚悚或恐怖的遊樂設施，也非常有趣呀。現在馬上寫出三件你覺得有趣、一想到要做就會讓你興奮不已的事。不論多小的事都無妨，像是「看到小狗就會微笑」、「完成填字遊戲的成就感」等等都可以。寫出來以後，務必在今天之內至少做完一項，然後告訴自己：「因為有了這項體驗，人生真的好快樂！」

運氣來自心情！隨時保持好心情吧！

心情好的時候，運氣也會跟著提升。

先調整好自己的心情吧。

因為一切境遇都是來自你的內心！

有個方法可以一秒提升運氣，那就是「讓心情變好」。聚焦在積極的事、喜歡的事、美好的事，讓自己擁有好心情。同時，不論發生什麼事都要說：「我運氣真好！」正如你若想在鏡中看到微笑的自己，就一定要先展露笑容；想獲得幸福，就要先說：「我很幸福！」不論再小的事都好，找出你生活中幸福的證據，告訴自己：「看吧，所以說我很幸福！」從那個當下，你就會變成運氣最好的人。因為宇宙會增強個人的能量，並使之實現。擁有好能量的人，運氣會不斷提升，變得幸福。宇宙的運作機制就是這麼簡單，一點也不難。

86

告訴自己「也是會發生這種事啊」，脫下成見的鎧甲！

別用自己的標準去評斷他人的事。
也不要用自己的規則去規範他人。
這麼一來，你將變得比所有人更自由。

宇宙中存在的所有資訊，並不是非黑即白。更別說單憑你在地球上的淺薄經驗與知識就想一一來評斷人，根本是不可能的。當你遇到自己聞所未聞的價值觀或想法時，不須一一反應，覺得「那樣不對！」「我被否定了！」而是告訴自己：「也是會有這種事呢。」「原來在他人的宇宙中，這才是常識。」像這樣，訓練自己不論遇上任何事，都先敞開心胸去接受。別用自己的標準去衡量他人。不論對人還是對事，只要不去評價對錯，你就能擁有一顆自由開放的心。因此獲得解脫的人，無疑就是你自己。

無論何時都要告訴自己：「過好當下最重要！」

那時發生在你身上的事，都已經結束了。
過好當下才是最重要的事。
你所掌握的未來，甚至能改變過去。

「那時這樣做就好……」「要是當時沒失敗的話……」

像這樣總是執著於過去，簡直愚蠢至極！不論是責備自己還是歸咎別人，都立刻收手。那時的你已經很努力了。所以，你可以抬頭挺胸地對自己說：「過好當下最重要。」真心想逆轉人生的話，就認真做好你人生電影的導演，同時客觀地看清楚自己的魅力與優勢，演出最棒的結局。你就是你人生的導演和演員。最能鼓舞你的人也是你自己。不論經歷怎樣的失敗、後悔，你不都挺過來了嗎？

只要活著，就有可能逆轉人生。雖然過去發生的事無法改變，只要好好掌握未來，你甚至能改變對過去的看法。

88

別和別人比較，
成為史上最棒的自己吧！

你這麼會挑自己的毛病，

那你是否付出過最大的努力，

試著打造出全宇宙最棒的自己呢？

「我長得不漂亮……」「反正我就是爛……」你是否總愛挑自己的毛病，卻忘了如何去享受你的宇宙？在你的宇宙裡，外表、能力、他人的評價，或是與他人比較的自卑，完全沒有任何意義。你根本無須跟人比較。硬要說的話，你要超越的對象只有自己。在你的宇宙，你應該努力成為史上最棒的自己。若能成為史上最棒的自己，人們對你的評價自然會提升。因為一切問題的根源都在你身上。靈魂會因為你的努力與行動而鼓舞雀躍，奇蹟會不斷降臨在這樣的人身上。別去和他人比較，專注在自身吧！

89

「勉強去做的事」全部斷捨離！下決心「不去做」！

決定「不做這件事」也是你該採取的行動之一。
那些被舊有價值觀束縛而勉強去做的事，全都放手，
專注在現今的你所期望的事情上吧。

向宇宙許願下訂單卻沒實現，應該思考一件事：你是否一直在做「多餘的事」，忙到連接收宇宙提示的時間都沒有？明明不想做，卻一直停不了手，或是過於執著於過時的做法。你應該重新審視自己至今為止的做法或價值觀，勇敢放掉現在的你不需要的東西。下定決心「不做」也是你應該採取的行動之一。聽好了，向宇宙下新訂單時，人在某種程度上必須拋棄過去的自己。現在正是你為自己鼓起勇氣、決定「不做」的大好時機。如此一來，就會展開新的一頁。你應該順著全新的發展，往下一個階段邁進！

讓你的靈魂與心
往同一方向前進！

靈魂總是往前進，心卻老想停下來。

心一直想要阻止靈魂去體驗更多事，

說服你的心，讓它與靈魂朝同一方向前進吧！

「靈魂」的故鄉是宇宙，而「心」是人的身體。靈魂對各種事物總是樂在其中，心卻經常對威脅生命的存在心懷恐懼。因此，人們總是無法朝著期望的方向行動。發生這種狀況時，首先要懷疑你的心是不是踩了煞車！靈魂是想前進的加速器。所以你要思考，該如何說服自己的心，讓它與靈魂朝著同一方向前進。為此，你要先知道自己的心被何種常識束縛住了。寫下「我認為是常識的事」，然後仔細思忖，用紅筆一一確認自己所寫的內容是否正確。先從質疑自己心中的常識開始，像是「不要給人添麻煩」、「錢是災難的源頭」等，拆除綁住心的煞車吧。

覺得嫉妒時，就握拳說YES，因為這是「你也能做到」的信號！

當你對他人心生嫉妒，
代表你覺得「那件事我也能做到」。
那正是你能抵達目標的信號！

所謂「嫉妒」，是因為看到別人得到本應屬於自己的恩惠，因而心生動搖的情緒與執念。而這樣的情緒所針對的對象，是你認為與自己同等、或不如自己的人。試想一下，就算你會羨慕阿拉伯石油大王，但你會對他抱持嫉妒或自卑感嗎？嫉妒或自卑感乍看是討厭對方，但其實你心中真正的想法是「明明我也能做到，為什麼成功的人不是我？」「為什麼當初我就是停下腳步不行動呢！」可說是你對自己的抗議。所以，嫉妒代表的是機會，因為你也是能夠達到那個目標的人。告訴自己：「我也能做到！」立刻展開行動吧！

92

別因為復仇之心
讓自己不幸！

沒必要讓自己變不幸，
並以此來報復你的父母。
難道你希望到死都一直不幸嗎？

人類真是容易被心擺布的生物啊。年幼時，因為父母不是自己理想中的樣貌，一直努力想把他們改造成心目中理想的父母，或是把自己的不幸歸咎於他們教育失敗，又或者是想懲罰讓自己不幸的父母。但是，這種抗議其實毫無意義。因為，最後成為最不幸的人是你自己。請對自己說：「父母那時已經盡力了。」讓自己從對父母的不滿解放出來吧。今後你要好好對待自己，像你理想中的父母那樣疼愛自己，步上理想的人生。成為幸福的人，才是你最該讓父母看到的模樣。

93

開始培養一個新的小習慣！

一天是由許多小行動所組成的。
一個全新的小習慣，
將大大改變你的每一天。

「人絕對會改變！」「人不會輕易就改變。」這兩種說法其實都正確無誤。人類擁有宇宙所沒有的維持生命裝置——心，而心會頑固地堅持你從小就學到的規則。可是，沒有什麼事是絕對不能改變的。第一步就是改變你的口頭禪。你至今一直使用的負面口頭禪，就是映照出你內心的一面鏡子。所以，只要改用正面的口頭禪，就能改變人生的基礎。除了改變口頭禪，再加上一個新習慣吧，像是：早起半小時、早晨上班途中與人打招呼、晚上擦亮鏡子……什麼習慣都可以。每天的行動是為自己增添自信的最佳元素，即使只是小小的挑戰，也會加速人生的變化。

沒經驗最好！
人生就是冒險！什麼都去嘗試吧！

「因為沒經驗所以要放棄？！」
記住，所有專家一開始都是門外漢！
不論任何事，從現在開始嘗試去做吧。

「想說英文」、「想在人前唱歌」，當你的心中浮現這些念頭，就立刻去行動吧。與此同時，應該也會出現各種不做的藉口，但你一定要踏出第一步，而且是馬上去做。

雖說做任何事都不嫌遲，但從當下這個瞬間開始、或拖了一年後才開始，兩者的差距還是很大。別猶豫，先做就對了！若無法持續下去，改找其他事來做就好。比起「試過後發現自己竟做得到」，「嘗試去做，卻還是做不到」更能豐富你的人生。人不論到了幾歲，都是不斷地試、經歷一次次失敗，卻仍一再探尋有趣事物的冒險之旅。打從心底樂在其中並持續嘗試的人，宇宙的力量一定會站在他那邊。

靈光一閃是宇宙的提示！別思考！做就對了！

「啊、對了！」突然出現的想法，正是來自宇宙的提示。
靈光一閃，是幫助你實現訂單的提示。
不論發生什麼事，你都將朝著實現願望的方向前進。

有人會說：「我不知道哪些是來自宇宙的提示。」不論是不是宇宙給你的提示，那些浮現在你腦中的事、你親眼看到且在意的事，不論如何先做就對了。不需要一一去思考「如果這不是提示怎麼辦？」話說回來，宇宙討厭「如果是提示我就做，如果不是提示就不做。」這種斤斤計較的想法，嘗試之後卻發現「不對」，只要再實行下一個浮現的念頭就好。宇宙的提示就是靈光一閃的瞬間，之後湧現的「要是做了這個，就會〇〇嗎？」都是多餘的想法。嘗試去做你腦中出現的所有提示吧！你是否勇於行動，宇宙都在看著呢。

現在立刻停止
讓人生變糟的「完美主義」！

人一旦心想「不能失敗」，

就會害怕行動。

要知道，「失敗」也包含在訂單實現的過程哪！

很多人都會說：「我不想失敗。」但我其實不是很懂為何要這麼說。因為你的靈魂喜歡享受各種經驗，失敗也包括在內。而且若是一切都順風順水，那人生的樂趣就會少了一大半。靈魂也想擁有失敗的體驗；嘗試挑戰，經歷失敗，然後成功，人們都是經過此一過程後才會感受到挑戰的喜悅。所以你應該放下「不想失敗」的想法。失敗本來就會發生，不需要排除它，而是要將失敗視為成功過程的一環並樂在其中，你的人生將比現在快樂好幾倍。這麼一來，充滿活力的宇宙也會為你準備了戲劇化的發展，奇蹟將就此降臨在你身上。

97

試試一整個星期
完全不抱怨！

你的不平或不滿，全會成為給宇宙的訂單。
想改變人生的話，現在立刻停止抱怨！
向宇宙下訂單之前，先做到不抱怨！

口頭禪，代表個人打從心底相信的人生前提。「好無聊喔……」「果然還是不行……」類似這樣的自言自語也算，就連你對別人說的負面話語，也全會成為下給宇宙的訂單。從現在起的一年內，將一切牢騷、不平、不滿、對別人的批評，全都封印起來。一年後，你的人生一定會有一八〇度大轉變。如果覺得一年太長，先從一星期試試看。效果一定會讓你大吃一驚。如果你實在無法抑制內心湧現的負面想法，為了整理心情，可以只向你信賴的人吐露心聲：「這時我的感覺是……」如此一來，容易受他人言行影響的壞習慣，就會慢慢改正。

98

情緒反應過度時，不妨「什麼都不做」！

當你覺得不安或擔心，不妨先什麼都不做！

反射性作為，大多不會有好結果。

「伺機而動」也是很重要的一種行動。

熱戀時，對方若沒有主動聯絡，你會突然感到極度的不安；當你希望獲得認可卻遭到斥責時，會因為擔心被對方放棄而心想「現在應該立刻做些什麼」，結果卻採取了雜亂無章的行動。這些都是童年心靈創傷所引發的反應。因為你將對方視為自己的母親或父親，任由過去的心理陰影緊跟著你不放。這時你應採取的行動只有一種——什麼都不做。在內心騷動平靜下來之前，靜待時機。你可以把時間用來做其他事、外出散心也行，暫時拉開自己的心與那件事的距離。人的心很麻煩，為了不被它過度影響，有時靜靜待在原地，也是一個好方法。

「七個我」一起開會，找出全體贊成的結論！

當你被負面思考所困、有心想做事身體卻動不了時，
代表你的內在深處，有個持反對意見的自己。
跟自己開個會，找出全員一致的期望吧！

人都有「心」，而且據說也有七種人格：現在的自己、身為製作人的自己、猶如嚴師的自己、純真如孩童般歡喜的自己、暴躁反叛的自己、俯瞰一切且立場中立的自己、內在深處的核心自我。現在立刻召集你心中這七個成員，開一場自我討論會議吧。然後統整出七個自己一致同意的願望：「好！就這麼做。這訂單很讚呢！」向宇宙下訂單。你身旁永遠有七個夥伴。這支超強團隊，不論任何機會到來，都會立刻決定：「好！來做吧！」既不會陷入不安，也不會輸給夢想殺手。你絕不是一個人，和你的團隊一起挑戰吧！

別害怕！現在開始也不晚。人生永遠有逆轉的可能。

與其擔心「要是做不到該怎麼辦」？
不如想想你能好好活到現在，就很了不起了！
接下來的人生，隨時都有大逆轉的可能！

喂，你到底在害怕什麼？人生是一場最棒的娛樂節目。無論任何狀況，都是宇宙為了娛樂你的絕佳場面！即便現在負債纏身、因能力不足而被上司斥責、遭他人欺負，你都不用害怕。外部環境沒有任何值得你恐懼的事。你的恐懼都是內心製造出來的。首先，對你自己能活到現在、且多虧活著才有了繼續往前走的機會，心懷感謝吧！你的宇宙沒有任何人可以傷害，這是專屬於你的宇宙。不論別人說了什麼、碰到何種狀況，你都有無數次挑戰的機會。這就是地球的遊戲規則。現在開始還不晚，盡全力去做所有你能想到的事吧！

大家好，我是小池浩……話說，不知不覺就來到最後一頁了（笑）！這本書若是能成為激勵大家行動的契機，將是我至高的榮幸。接下來這段話，宇宙先生在本書一開頭就提過了：對於向宇宙許願下訂單、詳細描繪出理想未來的我而言，任何再小的事都是提示。我下定決心並盡力去做所有能做到的事。結果啊，人生果然是「先做先贏」呢！就這麼簡單。對了，我也讀了不少「宇宙啟示」相關書籍。當時我身上還有不少負債，卻仍咬牙去上了要價數十萬日幣的心理學講座。我記得上課第一天，一翻開講義就看到這句話：「這樣就好。邁出前往未來的一步！」感受到冥冥之中好像有股力量在背後推了我一把，鼓勵我前進。我真心認為「只要1分鐘，人生就能改變。」因為從下定決心的那一刻起，人生就會改變。接下來大家會怎麼下定決心、採取何種行動來改變自己呢？請務必跟我分享發生在你們身上的奇蹟故事喔！

小池浩

Onwards & Upwards 002

抖S宇宙先生的1分鐘「下單」練習

給跟宇宙下訂單87次還沒成功的你
——每天1句「愛的鞭策」，強運增幅，人生從此開掛

ドSの宇宙さんの1分スパルタ開運帖

作　　者　小池浩 Hiroshi Koike
插　　畫　アベナオミ Naomi Abe
譯　　者　楊鈺儀
編　　輯　冷豔狂人
主　　編　林昀彤
封面設計　周家瑤
美術設計　洪素貞

出　　版　拾青文化／遠足文化事業股份有限公司
發　　行　遠足文化事業股份有限公司（讀書共和國出版集團）
　　　　　地址：231新北市新店區民權路108之2號9樓
　　　　　電話：（02）2218-1417　傳真：（02）8667-1065
　　　　　電子信箱：service@bookrep.com.tw
　　　　　網址：www.bookrep.com.tw
　　　　　郵撥帳號：19504465　遠足文化事業股份有限公司
　　　　　客服專線：0800-221-029
法律顧問　華洋法律事務所　蘇文生律師
印　　製　呈靖彩藝有限公司
初　　版　2021年8月4日初版一刷
　　　　　2024年7月29日初版十一刷
定　　價　380元
I S B N　978-986-06723-2-9　書號 2LOU0002

國家圖書館出版品預行編目資料

抖 S 宇宙先生的 1 分鐘「下單」練習：給跟宇宙下訂單 87 次還沒成功的你——每天 1 句「愛的鞭策」, 強運增幅, 人生從此開掛 / 小池浩著；アベナオミ繪；楊鈺儀譯 . -- 初版 . -- 新北市：遠足文化事業股份有限公司拾青文化出版：遠足文化事業股份有限公司發行, 2021.08
面； 公分 . -- (Onwards & Upwards ; 2)
譯自：ド S の宇宙さんの 1 分スパルタ開運帖
ISBN 978-986-06723-2-9(平裝)

1. 成功法 2. 生活指導

177.2 110011245